Rolf Friedrich Schuett

Arm und Reich in Recht und Freiheit?

Die soziale Frage überlebte alle sozialistischen Antworten

R o l f   F r i e d r i c h   S c h u e t t

Arm und Reich
in Recht und Freiheit?

*Die soziale Frage überlebte
alle sozialistischen Antworten*

Bibliographische Information Der Deutschen Bibliothek:
Die Deutsche Bibliothek verzeichnet diese Publikation
in der Deutschen Nationalbibliographie; detaillierte
bibliographische Daten sind im Internet abrufbar über
http://dnb.ddb.de

Erste Auflage

Herstellung und Verlag :
BoD – Books on Demand, Norderstedt

Gedruckt auf alterungsbeständigem Papier
(holz- und säurefrei)

Titelbild: E. L. Schmidt

Printed in Germany

ISBN 978-3-7519-9803-1

INHALT

7 Arm und Reich – Unterarme oder Weltreiche?

25 Recht und Unrecht oder Justiz und Delikt?

53 *Freiheit 2000* : Aufrechte Gängelung?

89 Prekäre Mündigkeit äußert sich schriftlich
Autorität der Autoren

103 Gesamtwerk in Gesamtausgabe

.

Aphoristischer Proletarismus,
aphoristische Rechtsphilosophie,
aphoristische Befreiungsphilosophie,
aphoristische Literaturtheorie …

Für Elke

Arm und reich – *Unterarme oder Weltreiche*?

Auch Armut sei ein Verfassungsbruch.

Arme sind emissionsarme Zwangsökologen.

Die Freiheit schützt Reiche immer,
das Gesetz die Armen immer seltener.

Reiche werden erst ärmer, wenn Arme aufhören,
reicher werden zu wollen.

Reiche müssen sich amüsieren,
obwohl sie amusisch sind, die Armen.

Monogamie ist nur noch die Sexklusivität
der Armen.

Philosophie beruht auf dem Fehlschluss,
dass Reiche mit der Armut mehr anfangen könnten
als Arme mit dem Reichtum.

Unter Reichen gibt es Geistreiche und Königreiche,
unter den Armen nur Oberarme und Unterarme.

Der Arme hat wenigstens noch sich selbst,
der Irre nicht einmal das.

Reicht dein Reichtum immer noch nicht,
dir Armut leisten zu können?

Das Geld liegt auf der Straße. Der Arme auch.

Reiche sind Raubtiere, Arme nur Mundraubtiere.

Ein Christ, der sich nicht bereichern will,
um durch Armenhilfe eine arme Kirchmaus
werden zu dürfen, ist ein armer Teufel.

Gott kommt in den Himmel, das ist so sicher
wie die Armen in der Kirche.

Heimat ist unheimliches Eigenheim der Enteigneten.
Die Welt ist gerecht : Macht sie den einen arm,
macht sie den anderen reich.

Intelligenz ist Intuition in Zeitlupe, und Intuition
ist die Allwissenheitsquelle der geistig Armen.

Armut sollte Besitz aller unbezahlbaren Dinge sein.

Ich wurde nicht deshalb nie bestohlen,
weil ich arm bin, sondern bin ein armer Mensch,
weil ich nie bestohlen wurde.

Moderne Humanisten sind Leute,
die Armen ein Leben in Saus und Braus empfehlen.

Guter teurer Rat an die Armen :
Mehr Sein als Scheine, bitte!

Arme haben ihren Hunger so satt
wie unsere bildungshungrigen Reden über ihn.

Vor Gott muss auch der Arme gut sein,
vor Gottlosen genügt es,
dass sie zum Armen nicht gut waren.

Eine misslungene Revolution schadet
dem Armen mehr als dem Reichen die gelungene.

Reiche schauen gern durchs Schlüsselloch,
wie Arme durchs Schüsselloch gucken.

Der Arme ist Materialist, da er nur vom Materiellen
träumt, und Idealist, da er davon nur träumen kann.
Reiche können sich Idealismus oder Idealisten
leisten und Ideen kaufen.

Im Kapitalismus ist jedermann
an die Entfesselung der Produktivkräfte gefesselt.

Ein Kapitalist ist ein Mensch, der sich selbständig
macht, um nicht alles ständig selbst zu machen.

Vor allem stellt das Kapital etwas auf die Beine,
die ihm gestellt werden.

Kapitalismus ist der Versuch
einer Weltverbesserung ohne Weltverbesserer.

Gegen die Sozialisten waren wir Demokraten,
ohne sie sind wir nur Kapitalisten.

Bereichert euch, doch durch und nicht an Armut!

Ein Antikapitalist verrät sich : Er gibt sich zufrieden
und gesättigt, also geschlagen.

Kapitalismus ist gemeinnütziger Egoismus,
Sozialismus war eigennützige Selbstlosigkeit
und Mehrwertsteuerung ohne Mehrwertkomplex.

Kapitalismus heißt : Dein Gemeinsinn nützt dir,
dein Egoismus nützt anderen.

Kapitalisten machen Geld flüssig,
Sozialisten überflüssig.

Grundgesetz des Kapitals :
Eine *Zinsur* findet statt.

Der Arme will reicher sein als die Armen,
der Reiche reicher als die Reichen.

Arm ist, wer schon als Lotteriegewinn bucht,
sich Lotterielose kaufen zu können.

Der Reiche steuert seine Flugzeuge,
der Arme seinen Himmel bei.

Das Christentum sieht in jedem Reichen
eine Verarmung und in jedem Armen
eine Bereicherung der Welt.

Wollten viele nicht satter sein als andere,
wäre genug da für alle,
aber nur genug satte Armut.

Seit dem Ende des Christentums ist es schwerer
und seit dem Ende des Sozialismus leichter
geworden, arm und schwach zu sein.

Ob er *von* Armen oder *für* Arme lebt,
der Satte frisst Hungrige.

Mancher schämt sich nicht, sich lieber seiner Armut
vor den reicheren Nachbarn als seines Reichtums
vor der hungernden Weltmehrheit zu schämen.

Und die Reichen steh´n im Dunkeln,
und die Armen steh´n im Licht.

Privatkapitalismus erzeugt eine klassenlose
Gesellschaft von Armseligen, die Geld haben,
und Plutokraten, die kein Geld haben.

Jede Zeit entscheidet neu, ob sie leutselige Reiche
über armselige Arme stellt oder glückselige Arme
über feindselige Reiche. Religion schwankt da nie.

Die Marktwirtschaft heißt sozial, wenn sie
den Ärmsten gibt, was sie den Armen nimmt.

Kultur teilt sich in Arme und Reiche,
damit Natur sie nicht in Kluge und Dumme teilt.

Die Religion verheißt Reichen,
sie seien arme Sünder, und armen Teufeln,
sie hätten das Himmelreich in der Tasche.

Die geistige Armutsgrenze liegt kaum
beim materiellen Existenzmaximum.

Kapital macht mit den vielen Armen
bessere Geschäfte als mit den wenigen Reichen.

Arme Sünder wurden arme Teufel,
die nun in Arme und Teufel heruntergebrochen sind.

Die verarmen, umarmen sich nicht.

Philosophen machten aus ihrer Armut mehr
als Denkbeamte heute aus ihrem Reichtum.

Sozialismus ist nicht gut genug für mich,
und ich bin nicht gut genug für Kapitalismus.

Der bürgerliche Kapitalismus ließe sich nur
aufheben zusammen mit den vielen Freiheiten,
die nur er deshalb konserviert.

Industrie wurde das Schicksal des Schicksals
und das Kapital der Weltrevolutionär,
der uns zu faulen Reaktionären macht.

Der bürgerschreckliche Antikapitalist
muss wieder Landmann oder Edelmann werden,
wenn er kein Schafhirte sein will.

Sozialismus mit einem Schuss Kapitalismus
macht Diktatur erst rentabel; Kapitalismus mit einem Schuss Sozialismus Demokratie unrentabel.

Man liebt Gott nicht mehr, seit man nur noch glaubt,
dass er Arme und Defekte liebt.

Lektüre macht geistige Armut erträglicher.

Der Reiche denkt nicht an das Gute, das er tun
könnte, der Arme aber an das viele Böse,
das er nicht tun kann.

Für Kultur war man einst zu arm
und ist man nun zu reich.

Reiche lassen den Armen nicht so reich werden,
dass er nicht mehr arbeiten will und muss, aber nicht
so arm, dass er nicht mehr arbeiten kann für sie.

Arme und Schwache haben nichts miteinander
gemein als die an ihnen verübten Verbrechen.

Reiche sind sicher vor Kriegsterror,
Arme vor *Konsumterror*.

Armut flüchtet vor dem Krieg,
Reichtum in den Krieg.

Reiche haben Idyllen statt Ideale,
Arme haben Utopien statt Ideen.

Armut ist nicht mal mehr dazu gut,
Linke zu erzeugen, die den Warenkörben
einen wahren Korb geben.

Geht heute durchs Nadelöhr des Himmels
eher der schlanke Reiche als der fette Arme?

Wo Demokratie ist, herrschen nicht die vielen
Armen, Erniedrigten und Beleidigten.

Reiche haben nur viel mehr Schulden als Arme.

Die Armen, die wir in der ganzen Welt erzeugt haben, flüchten sich nun zu uns. Die Armen müssen
gut sein, damit es der Reiche gut haben kann.

Der Arme legt Hand an; der Reiche handelt damit.

1789. Gleichheit fordern die Armen,
Freiheit die Reichen, und feindliche Brüder
sind sie schon immer.

Arme, die Reiche mimen,
wetteifern mit Reichen, die Bettler spielen.

Geist ist ebenso Kulturkapital
wie Gold eine spirituelle Macht.

Die Kosten des Kapitalismus hindern,
jene Kosten des Industrialismus zu sehen,
die er mit Sozialismen teilt.

Kapitalismus. Ich bekämpfe ihn nicht.
Ich kaufe nur nichts.

Der Kapitalismus selbst geriete in die Krise
erst ohne ständige Krisen.

Das ganze Kapital ist mehr
als die Summe seiner Verteilungen.

Genügsamkeit hat vom Kapital genug.
Nur Bedürfnislosigkeit hat nach Kapitalismus
weniger Bedarf.

Räuber, die arm bleiben, heißen Verbrecher.

Der Arme hasst die Arbeit, weil sie Kraft kostet,
der Reiche hasst sie, weil sie Geld kostet.

Kapitalismus ist die gerechte Strafe für alle,
die seine Füllhörner nicht missen mögen.

Arme haben die Güte zu haben,
Reichen die Güter zu lassen.

Arme greifen nach den Sternen,
Reiche nur nach Weltreichen.

Solange dich nicht genug Wünsche quälen,
die kein Kapital erfüllen kann,
beherrscht es deine Arbeit dafür.

Sehn-Sucht. Das Kapital verhält sich zur Arbeit
wie der freie Unternehmer zum unfreien Junkie.

Satte Bürger hungern und dürsten nach Appetit.
Die Appetitzügler des Armen sind Speisen.

Künste und Wissenschaften bereichern den ärmsten,
ihr Fehlen verarmt den reichsten Menschen.

Am Armen wird Geistreiches gerügt,
geistige Armut am Reichen gerühmt.

Keiner versteht (und keinen verstehen)
Arm und Reich zugleich.

Materielle Sicherheit ist fast so viel wert
wie ein geistiges Armutszeugnis.

Das Wort zum Werktag spricht der arme Teufel.

Kein Kapital hat so viele Sozialisten vernichtet
wie der Sozialismus.

Der beste Umweltschützer ist der Konsummuffel,
also Antikapitalist plus Antisozialist.

Kulturkapital und Geistesarbeit. Dichten
und Denken schaffen oft rigidere Klassen-
gesellschaften als Kapital und Arbeit.

Todesstrafe steht nur auf Bereicherung
der Armen auf Kosten der Reichen.

Die Arme der Armen reichen den Reichen
die Reiche, bis es ihnen reicht.

Weder das Kapital noch „Das Kapital“
bereichert die Armen, die es schufen.

Geist ist Notdurft für den, der im Überfluss lebt,
und Luxus der Armen.

Arme schuften weniger, als sie wollen,
Reiche mehr, als sie müss(t)en.

Der Arme hat nur Geist. Er braucht Geld.
Der Reiche braucht nie Geist. Er hat Geld.

Christus wollte alle arm sehen,
damit nicht zehn alles haben
und alle anderen gar nichts.

Für einen Schweinehund bin ich zu arm.

Erspart euch das Sparen,
man verpulvert seine Armut.

Reichtum in armen Gesellschaften
ist Armut in reichen.

Arme werden reicher in armen Ländern
und ärmer in reichen Ländern.

Der Reiche kann, der Arme muss Buddhist werden,
ohne aufzuhören, arm oder reich zu sein.

Weil es Arme gibt, bekommt Reichtum den Guten
schlecht und den Bösen gut.

Auch Genügsamkeit hat *am* wie *vom* Kapitalismus
mehr als genug.

Beraubt die Reichen, sie haben stets genug, doch
spende nicht den Armen, es erreicht sie ja doch nie.

Unsere Bedürfnisse reden uns schneller arm,
als unser Schicksal oder Geschick uns reich
machen kann.

Ein Armer, der geist- oder neureich werden will,
kann auch ein Tugendbold sein,
der einmal pervers sein will, oder ein Bösewicht,
der so viel Güte wie Güter haben will.

Der arme Reiche muss sich alles kaufen: Niemand
schenkt ihm etwas, der nichts von ihm will.

Wer sich durch Verschenken nicht bereichert,
verarmt durch sein Vermögen.

Überzeugungen und Reichtümer
sind zu oft Armutszeugnisse.

Der Arme bekommt vieles, was er nicht wünscht,
damit man ihm das Wenige nicht geben muss,
was er braucht, um nur noch für sich zu arbeiten.

Ein Politiker, der die Mehrheit verdient,
sollte nicht so reich sein, dass er unkäuflich wird
wie ein Heiliger, sondern so unbestechlich sein,
dass er arm bleibt wie seine Wähler.

Ein Mensch ist arm, weil er alles verlieren kann,
was er niemals hat, und ist reich, weil er nichts
gewinnen kann, was er nicht schon hat.

Arme Deutsche sind an reiche Deutsche
mehr gebunden als armen Polen verbunden.

Du bekämpfst Armut und Unrecht, um an deren
Ausmaß und nicht deinem Unvermögen zu scheitern

Die Reichen tolerieren die Armen und die Herrscher
ihre Sklaven. Dass Arme die Reichen tolerieren,
war immer intolerabel.

Für Christen leben Reiche gut und Arme ewig.

Böse produzieren so viel wie Reiche,
Gute konsumieren so wenig wie Arme.

Der Reiche frisst Löcher in den Käse,
der Arme isst die Löcher.

Wer arme Teufel für sich arbeiten lässt,
arbeitet für den reichen Teufel.

Arme bleiben die vielen Kinder, die sie nicht mehr
aufziehen, und Reiche die vielen Lasten,
die sie nicht mehr tragen.

Armen wird vorgeworfen,
keine Bio- und Fair-Trade-Waren zu kaufen.

Es genügt nicht, den Armen zu helfen,
man muss auch unfähig sein,
dabei reicher oder ärmer zu werden.

Geistreiche Leute, die ihr Gedankengut für sich
behalten, verarmen.

Bevölkerungsexplosion der Armen?
Die Reichen schießen zurück.

Die Armen schlagen die Reichen nicht tot
oder k.o., also ist Gott nicht tot; *q. e. d.*

Revolution erkaufte noch nie Freiheit,
sondern Massenarmut durch Massenmord.

Das einfache Leben ist ein Vorrecht der Reichen,
das mehrfache ein Naturrecht der Armseligen.

Vom Kapital lebt es sich oft schlechter
als von seiner Kritik. Ein Sozialist ist nun,
wer aus Antikapitalismus Kapital schlägt.

Wieviel Kapital (ver)braucht der Antikapitalismus?

Recht und Unrecht oder Justiz und Delikt?

Gesellschaftlicher Fortschritt ist nur die Erklärung
der Übermenschenrechte.

Ist es nicht gerecht,
dass es im Leben nicht ganz gerecht zugeht?
Zu viele Leute würden sonst ganz leer ausgehen.

Die Internationale der Sklavenhalter
erkämpfte sich ihr Recht auf Menschen.

Gerecht sind nur die Strafen,
die den Strafenden abschrecken.

Rechtsstaat heißt : Jeder Lebenslauf ist auf so
viele Menschen gerichtet, wie auf jeden Menschen
Lebensläufe gerichtet sind.

Ich meine, nicht jeder habe das Recht,
seine Meinung frei zu äußern,
er habe eine ganz andere Meinung als alle anderen.

Der moderne Mensch verkauft ein Linsengericht
für sein Wiedergeburtsrecht.

Pflicht zur Wahrheit ist Diktatur,
Demokratie ist Recht auf eigenen Blödsinn.

Wenn Philosophen regieren,
kann Gewalt sich rechtfertigen.

Gnade geht vor Recht, aber nach
dem Strafvollzugskostendämpfungsgesetz.

Pessimisten rechnen immer mit dem Schlimmsten
— aus Rechthaberei.

Satiren, die der Zensor nicht versteht,
versteht auch das Publikum nicht
und werden zu Recht nicht verboten.

Ob eine Sklavenhalterwirtschaft nun griechische
Kultur hervorbringt oder nicht, Kulturlosigkeit und
Multi-Kulturlosigkeit sind immer zu rechtfertigen.

Wer Recht hat, wirkt auch rechthaberisch.

Die Rechte behält immer Recht, wenn sie macht,
dass die Linke die Macht behält. Und umgekehrt.

Macht ist Wissen, das dumm macht,
und Recht, das Recht ohnmächtig macht.

Gerechtigkeit ist der unlautere Vorteil,
der sich aus dem kleinsten gemeinsamen Nenner
aller Menschen ziehen lässt.

Die Welt ist gerecht : Macht sie den einen arm,
macht sie den anderen reich.

Rechthaber prophezeien ungestraft
den Sieg des Unrechts.

Arbeiter haben Material in dreckigen und sind
Material in sau-beren Händen. Sie sollten endlich
mal ihr Menschenrecht auf Geistesarbeit einklagen!

Heißt gerecht sein
dem gerecht werden, wodurch
keiner sich vom anderen unterscheidet?

Gerichte rufe ich nicht an.
Die wollen doch immer nur Recht behalten.

Sire, geben Sie Gedanken
oder das Recht auf Gedankenlosigkeit!

Auch (Ab- und Zu-)Neigungen sind Gefahren
für den aufrechten Gang des Menschen.

So recht diskutieren lässt sich nur mit Leuten,
die Unrecht haben.

Allgemeine Gleichheit ist gleiches Recht aller
auf ihre Ungleichheit.

Wer das Unrecht tut, es zu (er)dulden,
erleidet nicht das Unrecht, es zu tun.

Ich will nicht immer nur Recht haben.
Ich gebe dir z.B. zu,
dass ich immer nur Recht haben will.

Rechtgläubigkeit ist nur Ketzerei
gegen die Orthodoxie der Ketzer.

Natürlich sind Rechte für das Naturrecht
des Stärkeren. Nichts ist straffer organisiert
als organisch Gewachsenes.

Demokratie ist gleiches Recht aller
auf Privilegien oder Privileg weniger
auf gleiches Recht gegen alle.

Lumpen rechtfertigen sich, indem sie leugnen,
sich erst rechtfertigen zu müssen.

Pflicht zur Wahrheit ist Diktatur,
Demokratie ist Recht auf eigenen Blödsinn.

Rechte Kinder dünken sich Riesen,
rechte Erwachsene halten sich für Zwerge.

Jeder genießt das unverbrüchliche Menschenrecht,
sich vor beliebig vielen Leuten
durch nichts auszuzeichnen.

Gerechtigkeit herrschte,
wo die natürlichen Unterschiede der Menschen
ihre sozialen Unterschiede ausgleichen würden.

Wer mich zu Recht geringschätzt, erbittert mich
mehr, als wer kein Recht dazu hätte.

In guter Gesellschaft findet sich jeder zurecht
oder zu Recht.

Eine Macht ohne Recht ist besonders mächtig,
ein Recht ohne Macht nicht besonders gerecht.

Oft verhält sich die Liebe zur Gerechtigkeit
wie die Freiheit zur Gleichheit.

Proletarier in Demokratien sind Sklaven
mit allen bürgerlichen Rechten.

Zu viele Linke sind Kämpfer, die sich
an gerechter Verteilung der Armut bereichern.

Der Rechtsstaat tut oft gar nichts, um nicht
zu viel zu tun, wenn er nicht gerade zu viel tut,
um nicht zu wenig zu tun.

Gleichheit ist ungerecht gegen Begabtere,
Naturtalent ist ungerecht gegen Unbegabte.

Kompromiss. Wer Unrecht hat,
bekommt oft halbes Recht,
wenn er die andere Hälfte opfert.

Christen achten nicht Gottesrechte des Menschen,
sondern die Menschenrechte Gottes.

Von Gleichheit und Gerechtigkeit träumt,
wer von keinem Naturtalent gefesselt ist.

Wer gut sein will, fügt sich unfrei
den Normen von Recht und Moral.

Demokratie garantiert mein Recht auf eigenen
Schwachsinn, soweit ich das volle Recht anderer
auf ihren Unsinn nicht verletze.

Ist eine Wahrheit das Recht, ihre unbelehrbaren
Gegner geisteskrank zu schreiben?

Dass nur Christus immer verliert,
ist der einzige Fall, wo das Recht der Macht
mit der Macht des Rechts fast zusammenfällt.

Wer um Gnade fleht, schreit zum Himmel;
wer Gerechtigkeit fordert, betet zu Satan.

Wer keine Macht hat,
muss wenigstens immer Recht haben, u. u.

Im Vulkanausbruch wurde kein gerechter Zornaus-
bruch Gottes gefürchtet, sondern in Gott umgekehrt
ein jederzeit mögliches Erdbeben.

Wenn nur die Besten und nicht nur der gute Wille
uns regieren dürfen, siegt das Naturtalent
über Vernunft und Gerechtigkeit.

Der Demokrat hat nicht einmal das Recht,
sich selbst zu wählen als Ausbeuter oder Ausbeute.

Gerechtigkeit ist ein Aufstand gegen Naturtalent
und Geburtsadel, nicht erst gegen deren Missbrauch.

Die Religion balanciert die Gerechtigkeit, die du
gerade noch verkraftest, mit der Ungerechtigkeit,
die dein Gnadengesuch bitter braucht.

Muss der Gerechte viel leiden,
weil die Lust ein Verlust und Vergehen ist?

Recht ist, was keinem recht ist.

Statt Schnaps und Kirchen bringt man Eingeborenen
heute IT und Menschenrechtsdeklarationen.

Das Gesetz hat eine Engelsgeduld
mit aller Ungeduld mit dem Unrecht.

Kann ein Knecht das Unrecht
seines Herrn je wiedergutmachen?

Geist überredet, Macht überzeugt, Recht überführt,
Unrecht überfährt, und Gefühl überkommt.

Neid auf Beneidenswertes schuf Recht und Gesetz.

Die Welt will betrogen sein. Sie hat aber das Recht,
dass man ihr nicht ihren Willen lässt.

Menschenrechte helfen nicht gegen Religion.

Einen Rechtsbruch riskiert,
wer zu lange auf sein Recht pocht.

Ein gnädiger Gott wird oft der Rechtsbeugung
bezichtigt. Erhörte er jedes Gebet,
käme er als Mensch auf lebenslängliche Haft.

Das Schuldigsein und Gefangensein
bestimmt kein Unrechtsbewusstsein.

Gerechtigkeit lässt sich zerlegen
in Unrechtsquanten.

Pessimisten erwarten Gerechtigkeit,
Optimisten Schuldennachlass.

Wer Recht spricht, bekommt oder behält,
muss keins haben, und wer es hat, gibt dir keins.

Einst wurde Pflichttreue,
nun werden Menschenrechte vorgetäuscht.

Recht auf Hoffnung vermehrt sich
hoffentlich durch Enttäuschungen.

Diese Gesellschaft schützt das Menschenrecht,
dass sie ihm gleichgültig bleibt.

Ein gerechter Gott ist gefürchteter
als die blinde Fortuna.

Lieben muss vor allem, wer fürs Recht unbegabt ist.

Freiheit, die nicht Recht wird, bleibt Macht,
doch die nicht Macht wird, bleibt selten Recht.

Viele werden zu Unrecht so oft gelobt und
beschenkt, dass sie sich auch mal zu Unrecht
tadeln und schröpfen lassen können.

Erst stellten Deutsche Kultur über Politik,
dann Sozialstaat über Rechtsstaat.

Die Überzeugung, dass jede Überzeugung
gleichberechtigt gleichwertig ist,
bedeutet die Weigerung, eine zu haben.

Wer Recht hat aus falschen Gründen,
hat noch nicht Unrecht aus wahren Gründen.

Selbstbeherrschung verletzt die Menschenrechte.

Die Kirche hatte Recht, als sie *Kopernikus*
und *Galilei* nicht glaubte : Wir wissen heute,
dass sich nicht alles um die Sonne dreht.

Niemanden zur Staatsraison zu bringen,
ist im Rechtsstaat irrational.

Gegen allgemeine Menschenrechte spricht,
dass gemeine Privilegierte richtig dafür sind.

Ein Christ verzeiht, was er uns antut,
ein anderer rächt das Recht, das er uns gibt.

Intoleranz ist die Gewissheit, dass andere
Recht haben, und Toleranz die Gewissheit,
dass sie Recht auf ihr Unrecht haben.

Rechtsprechung ist revidierte Rechtschreibung
der Geschichtsschreiber.

Der verhängte Ausnahmezustand.
bestätigt das geltende Recht.

Wer die Wahrheit findet, erwirbt das Recht,
ihr Märtyrer zu werden.

Gerechtigkeit gilt als einschlägig mehrfach
vorbestrafte Gerichtsbarkeit.

Keine Gerechtigkeit ohne Unrichtigkeit,
keine Richtigkeit ohne Ungerechtigkeit.

Gerecht : Erschöpften Arbeitern wird der
abgeschöpfte Mehrwert stets heimgezahlt.

Menschenrechte bedeuten Krieg
nicht nur gegen Gottesrechte.

„Geistige Freiheit" verkam zum trotzigen Recht,
eine eigene Meinung zu vertreten,
die seit Jahrtausenden schlüssig widerlegt ist.

Monarchie : Rechtsstaat ohne Demokratie.
Diktatur : Volksdemokratie ohne Rechtsstaat.

Haben Bessere und Größere
ein Recht auf Gleichheit?

Auch der aufrechteste Gang endet täglich im Bett.

Gerechtigkeit : Gleichverteilung der Ungleichheit.

Auch fremd(artigst)e Gedanken
haben ein Asylrecht.

Auch Ungerechten kann man Unrecht tun
und auch den Teufel verleumden.

Am besten toleriert mich, wer mir Recht gibt.

Ein Rechtsstaat ist widernatürlich,
weil gegen das Naturgesetz des Stärkeren gerichtet.

Es gibt Leute mit aufrechtem Gang –
in Fahrtrichtung.

Nur vorrechtlich ist noch etwas zu machen.

Menschenrechte werden verbindlich,
wo Bande zwischen Menschen reißen.

Wer keinen eigenen Gedanken hat,
schützt keinen Urheberrechtsschutz.

Kein Rechtsurteil ist ein regelrechter Freispruch.

Jede rechtsstaatliche Gewaltenteilung
will die ganze Macht für sich.

Recht auf Arbeit ist hier schon Pflicht zur Arbeit.
Recht auf Arbeitslosigkeit haben nur Reiche.

Viele Menschen arbeiten am aufrechten Müßiggang.

Genießt in rechtsfreier Welt
das Vorrecht des Rechts!

Der Staat ist die Faust gegens Faustrecht
und hat Recht auf Gewalt gegen Gewalt.

Die Welt will betrogen werden
und hat ein Recht dazu.

Freiheit 2000 : Aufrechte Gängelung.

Man lebt, um Sprichwörtern Recht zu geben.

Mit richtigen Pflichten kann man
Rechtsstaat machen.

Menschenrechte sind ebensolche Utopien wie die
klassenlose Gesellschaft oder das *Goldene Zeitalter*.

Recht ist nicht Rache, aber ihr gutes Gewissen.

Man liebt und hasst jetzt ganz gerecht –
ohne Ansehen der Person.

Macht macht sich gerecht als Gegengewalt.

Demokratie *erklärt* die Menschenrechte
auf soziale Ungerechtigkeit.

Die Bibel verhält sich zur Menschenrechtserklärung
wie ein guter Tipp zur Utopie.

Kapitalismus ist die gerechte Strafe für alle,
die seine Füllhörner nicht missen mögen.

Ungerechte Globalisierung : Alle gewinnen,
doch manche besiegen die Gewinner haushoch.

Wo Faustrecht herrscht,
nimmt man sich lieber seine Rechtlosigkeit.

Rechtschreibung ist noch keine Rechtsprechung.

Himmelschreiende Ungerechtigkeit
wird recht erfolgreich überschrien.

Um seiner Zeit gerecht zu werden, rechtfertigt man
Unrecht und beugt sein Recht nimmer.

Recht ist Selbstkritik der Macht, nie umgekehrt.

Wer sich geistiges Eigentum zu eigen macht,
bricht kein Urheberrecht.

Seine Daseinsberechtigungsnachweise
sind die weisesten Gottesbeweise.

Menschenrechte wurden rechte Juristenrechte.

Haben Schafe, Esel, Kamele, Schweinehunde,
Wölfe und Rindviecher alle Menschenrechte?

Mehr Macht ist mehr Vorrecht auf Unrechttun.

Recht ist eher das kleinere Übel
als das größere Gemeinwohl.

Ist Friedensordnung wichtiger als Gerechtigkeit?

Justitia gesteht zu recht jedem das Recht zu,
Unrecht nicht zu gestehen.

Darf der Gesetze brechen,
dem sie keine Rechte geben?

Recht braucht Gefängnis, Moral aber Gewissen.

Das Grundrecht auf Unkreativität ist unantastbar.

Ein Spruch wie „Einspruch, Euer Euren!"
gibt vor Gericht noch kein Vetorecht.

Sozialgerecht : Sozial gerecht?

Das einfache Leben ist ein Vorrecht der Reichen,
das mehrfache ein Naturrecht der Armseligen.

Wer Rechtsbrecher straffrei lässt,
raubt ihnen das Recht auf Sühne.

Kein Wunsch, nur Unrecht schafft Not;
kein Wunsch, nur Not schafft Rechte.

Dem Gerechten widerfährt mehr Unrecht
als dem Ungerechten (Recht).

Der Gerechte, der dem Allmächtigen gefällt,
missfällt allen Mächtigen.

Menschenrechte hat jedes Individuum,
das gesellschaftlich abgeschafft ist.

Du wirst nur alt, um zu entdecken,
dass die Eltern damals oft Recht hatten.
Will deshalb jeder jung bleiben?

Jeder fordert, was ihm fehlt,
Mut, Toleranz und Gerechtigkeit.

Der Gerechte muss leiden :
Wer nicht leidet, tut Unrecht.

Wo nicht Vernunft und Anstand entscheiden,
gilt das Recht.

Wer die Lüge hasst, will oft nur Recht behalten.

Mit aufrechtem Gang beginnt
der Auf- oder Abstiegswille.

Richtigkeit und Recht sind demokratische Despoten:
sie gelten für alle gleich zwingend.

Selbst Gerechtigkeit kommt nicht zurecht
ohne Selbstgerechtigkeit.

Eigentum ist Diebstahl, und das Recht
rechtfertigt die Enteignung derer,
die es eigentlich erschuf(t)en.

Rechte machen Guerilleros zu Gesetzesbrechern,
Linke den Rechtsbrecher zum Widerstandskämpfer.

Ist dir recht, wenn mir und dir recht geschieht?

Ungerechte ungerecht zu behandeln,
heißt nicht zu recht gerecht.

Eine Zeit rechtfertigt sich durch absolute Werte,
die diese Zeit verurteilen.

Kommt er daheim nicht zurecht,
fliegt der Mensch zum Mond.

Im Frieden muss man Geld haben,
im Krieg wenigstens Recht.

Rechtsprofessoren pochen auf ihr Recht
und aufs Recht ihrer Rechtsphilosophien.

Jeder hat die Pflicht, sein Recht auf Bildung
zu verteidigen, und das Recht, seine Pflicht
zur Bildung zu vergessen.

Nächstenliebe tut dem Nächsten gelegentlich
Unrecht, damit er sich auch einmal zurecht
im Recht fühlen kann.

Begnadigungen finden wir ungerecht
und bloße Gerechtigkeit ein hartes Schicksal
und Schicksal als Zufallstreffer.

„Eigentum ist Diebstahl" am Schöpfer, nicht
am Armen, und jeder Besitz ist so ungerecht, dass
uns die ständige Angst um ihn ganz gerecht erscheint.

Man kämpft für die *Menschenrechte*
auf Widerstand gegen Gottes Gesetz.

Geschichte ist gerecht und im Fluss:
Gutes kommt nie zum Zuge, doch Falsches
geht dafür ständig den Bach runter.

Die Gleichzeitigkeit der Französischen und der
industriellen Revolution erklärt die Menschenrechte
auf Computer, Sex und anderen Konsum.

Sogar das Naturrecht ist heute
natürlich zurechtgemacht.

Verschwänden die Prozesshansel
mit den Rechtsschutzversicherungen?

Jeder Christ wird seinen Freund lieben und seinem
Feind gerecht, doch schwach will er sie beide.

Das Recht setzt sich am Ende immer durch:
Was sich am Ende durchsetzt, ist immer Recht.

Jeder hat das ewige Menschenrecht,
sich seiner Pflicht zu unterziehen.

Auch in rechtsfreien Räumen
bewegt sich jeder gleichberechtigt.

Seit Luther beten Christen
um einen ungerechten Gott.

Du fürchtest nicht genug jene deiner Einfälle,
die sich vor Mächtigen besser
als vorm Allmächtigen rechtfertigen können.

Aufrichtige Worte meinen
den aufrechten Wolfgang der geistigen Dinge.

Nun genießt sie das Recht, sich von ihm kumpel-
haft anrempeln zu lassen, und er das Recht,
von ihr wie eine Rivalin behandelt zu werden.

Mehrheitswahlrecht den Mittelmäßigen,
das Vetorecht dem Außenseiter!

Kämpft für mein Menschenrecht,
dass mir jeder gleichgültig bleibt
und ich keinem gleichgültig bin!

Wer lebt, gibt sich Recht.
Wer stirbt, gibt der Welt (ihr) Recht.

Politik: Gute Gewalt im Dienste des Rechts,
schlechtes Recht im Dienste der Macht.

Was es gibt, gibt sich Recht.
Intellektuelle sind Rechtsanwälte dessen,
was es zu Unrecht noch niemals gab
oder nicht mehr gibt.

Morgenland und Abendland kennen Natur-
und Sittengesetze: das eine Land kennt nur
Menschenrechte, das andere nur Gottesrechte.

Man sagt *Recht & Freiheit* und meint
die Erlaubnis, ungestraft die Zehn Gebote
übertreten zu dürfen.

Jeder hat das gleiche Recht,
zur Nachweltkultur nichts beizutragen.

Demokratischer Rechtsstaat und
soziale Marktwirtschaft sind gute Ideen.

Verbrecher erniedrigen sich durch ihre Lust,
Rechtschaffene erhöhen sich durch ihr Leid.

Christliche Ehescheidung ist schon der Ehebruch,
der sie rechtfertigen soll.

Das richtig ungerechte große Geld
hält sich seinen Rechtsstaat.

Rechtsgemeinschaften können Werte schaffen,
Wertegemeinschaften Menschenrechte entwerten.

Richtet euch nach dem Recht,
nicht nacheinander!

Demokratie respektiert das Recht einer Minderheit,
gegen alle Minderheiten dem Willen
der Mehrheit Respekt zu verschaffen.

Pessimisten bedauern,
dass Optimisten Recht und Erfolg hatten.

Früher Moral ohne Recht, heute Justiz ohne Ethik,
bald Zahlungsmoral der Vorrechte.

Gerecht : Jeder ein Hausbesitzer,
jeder ein Supermodel, jeder ein Einstein!

Wo rechtfertigt der Bauch auch einmal das Haupt?

Für Menschenrechte soll vor Gericht
die Religion stets gar keine Rolle spielen.

Der Deutsche ist gerecht.
In allen Sätteln des trojanischen Amtsschimmels.

Drei Religionen. Heiliger Gesetzgeber,
gütiger Regent, gerechter Richter?

Wer gönnt mir das Recht,
auf meine Art im Unrecht zu sein?

Wer Recht haben will,
muss sich zu oft unterdrücken lassen.

Das Recht und die Freiheit ist das,
was man sich nimmt – vom Nächsten.

Ist es gerecht, dass der kleine Mann
kaum großes Unrecht tun kann?

Wer nichts hat, hat auch kein Recht,
und wer Recht hat, hat nichts sonst.

Kultur verschafft schon jedem den Schund
und nicht nur das Recht darauf.

Gerechtigkeit: Wer nicht Herren dient,
die zu nichts dienen, verdient nichts.

Menschenrechte haben nur Individuen,
die keine sind, sondern emanzipiert
von familiären Emanzipationsbedingungen.

Gnade für mich, Gerechtigkeit für alle anderen!

Wer von Ungerechtigkeit frei werden will,
muss auch die Natur loswerden.

Recht : Die Freiheit des Armen endet dort, wo
die Freiheit des Reichen beginnt – nicht umgekehrt.

Recht bekommt von uns, wer es uns recht macht.

Nach 1945 gibt es hier wieder *regelrechtes* Elend
und *regelrechten* Luxus? – Wer zu seinem Recht
kommt, kommt noch nicht zurecht.

Faulheit, die nicht zu faul ist,
sich zu rechtfertigen, geht in Fron über.

Kapital ist Geld im Überfluss
für überflüssige Bedürfnisse.

Freiheit 2000 : Aufrechte Gängelung?

Menschliche Freiheit ist so zwingend notwendig
wie strikte Kausalität der Natur eine freie Willkür
Gottes.

Wer steuert meine freie Wahl stärker,
mein eigenes Hirn oder das meines Herrn?

Man ist so frei, wie man sich gebunden weiß,
und so konditioniert, sich frei zu fühlen.

Wachsen dir Flügel, bist du im freien Fall.

Kant. Wäre ich _an sich_ frei, _erschiene_ ich mir
völlig bedingt; wäre ich eigentlich determiniert,
erschiene ich mir gänzlich frei?

Diktaturen verweigern Freiheit, weil sie
gefährlich wertvoll wäre. Demokratien geben
Freiheit, seit sie sinnlos und nutzlos wurde.

An der längsten Leine liegt die Freiheit.

Freiheitskämpfer gehorchen keiner Wahrheit,
Wahrheitssucher dulden keine Willkür.

Macht sich schon frei, wer leben lässt,
was er hasst?

Ein widerspruchsfreies Leben ist unfrei
und ein Widerspruch, der keinen einlegt.

Wurdest du befreit zu freier Wahl,
um dir die Schuld an allem aufzuladen?

Freiheitsdrang will sich nur einem anderen Ideal
unterwerfen dürfen.

Sind Hirnforscher freier als ihre eigenen Hirne,
von denen sie dazu bestimmt werden, ihre freie
Selbstbestimmung als objektive Hirnbestimmtheit
zu bestimmen und ihr vorentscheidendes Hirn
als ihre freie Wahl?

Wählerische Leute genießen ihre Wahlfreiheit
wie Atheisten die Religionsfreiheit,
Taubstumme die Redefreiheit
und Erwerbslose die Gewerbefreiheit.

Frei von Naturtalenten wie von Kulturprivilegien
ist niemand freier als der Narr.

Eine freie Wahl befreit wenigstens
von unzähligen Alternativen.

Wo es keinen Grund dafür gibt, dass etwas
geschieht, bin auch ich nicht dieser freie Grund.

Wir befreien uns durch unsere Ketten
und fesseln uns an Befreiungsinstrumente.

Wer sich länger frei fühlen will,
muss nur unentschlossen bleiben.

Der Hirnforscher nimmt mir die Schuld ab
und die Freiheit, schuldig zu werden.

Der Seelenhirte nimmt mir die Sünde ab,
aber nicht die Freiheit zu sündigen.

Wirft man den Narren aus der Anstalt, wird er
nicht freier. Revolutionäre sind Freiheitsnarren,
und Narrenfreiheit genießen nur Herrscher.

Von den Herren der Welt befreit nur ein HErrgott. Seit Er totgesagt und totgeschwiegen ist,
reden uns viel grausamere Herrschaften ein,
uns nur von Ihm befreit zu haben.

Um sich frei zu machen,
macht der Höfling sich zum Narren.

Ihr Hirn zwingt die Forscher zu denken,
dass sie nicht frei sind, das Hirn nicht
zu erforschen, um zu überleben.

Inkas und Indianer wurden ermordet, weil sie
in Unfreiheit nicht arbeiteten, und manche Tier-
arten pflanzen sich in Unfreiheit nicht fort.
Von ihnen stammt der heutige Mensch nicht ab.

Der Computertomograph zeigt : Unser Hirn zwingt
uns Gedankenfreiheit auf, und jeder kann frei
wählen, ob er Entscheidungsfreiheit haben will.

Alle können sich frei entscheiden zur Gleichheit,
und wenn alle gleicherweise frei sind,
werden einige bald ungleich genug,
um die Gleichheit aller zu kontrollieren.

Demokratie wurde ein Versuch, freie und
ungebundene Leute gesellschaftlich zu verbinden
und voneinander gefesselte Leute zu trennen.

Diktatur meint Herrschaft über Sklaven, Demokratie meint Herrschaft über freie Menschen.

Freien Willen gibt es wohl nur zu Dingen,
die niemand will.

Freie Märkte, sagen ihre Gegner, verdrängen
das Beste besser als Zensurbehörden.

Befreiung heißt Entlassung in ein größeres
Gefängnis, doch mancher fühlt sich nur
im Unendlichen eingesperrt.

Tyrannen verordnen den freien Willen
ohne freie Wahlen.

Innere Leere ist frei – von und zu allem.

Technische Apparate fesseln uns so,
dass wir freien Zugang zu ihnen fordern.

Gott gab uns freien Willen, damit wir irren.

Früher konnten Leibeigene geistig frei bleiben,
heute müssen freie Bürger Arbeitssklaven sein,
die selber Sklaven halten.

Eine emanzipierte Demokratie würde als erstes
Mobilität, Entertainment, Produktion, Information
und Kommunikation freiwillig reduzieren.

Der *freie Westen* ist so frei, dass selbst sein Wahl-
und Konsumverhalten vorherzubestimmen sind.

Sartre ist von Freiheit gefesselt. Wer frei ist wie
Chesterton, sehnt sich nach Verbundenheiten.

Wer Wahrheit will, fügt sich der Realität.
Wer gut sein will, fügt sich freiwillig Normen
von Recht und Moral. Wer in den Himmel will,
fügt sich der Bibel. Wer Kunstwerke genießen
will, gehorcht Geschmackskriterien.
Wann also ist er frei?

Freiheit imponiert als zügellose Chance,
sich seinen Diktator selbst auszusuchen.

Ein Hirnforscher kann gegen unseren unfreien
Willen noch seinen freien Unwillen durchsetzen.

Heutige Hirnforscher haben entdeckt, dass wir
keinen freien Willen haben. Es wird schon
stimmen, dass wir nicht frei sein wollen.

Hirnforscher haben jüngst endlich entdeckt,
dass der Computer-Tomograph in ihren Hirnen
keinen freien Willen entdecken konnte.

Der Mensch will heute keinen *freien* Willen
haben. Dieser Spielball seiner Launen hat
nicht einmal einen guten und *festen* Willen.

Der Wille kann sich befreien, aber so gebändigt
wie das Gesetz, das er selber wählt.

Alle sagen freiwillig das Gleiche und führen
so ihre Redefreiheit ad absurdum,
die wohl nur deshalb gewährt ist.

Früher war Geschlecht schlecht. Heute ist es samt
Geist nicht freier, aber schlicht grobschlächtiger.

Der Hirnforscher sagt Willensfreiheit
und meint die Bibel.

Man nutzt lieber seine Gewerbefreiheit
als seine Rede- und Gedankenfreiheit.

Die Gedankenfreiheit ist aufgezehrt, wenn das Bewusstsein vom wirtschaftlichen Sein und sexuellen Unterbewusstsein, von sozialen Kräften und sprachlichen Strukturen, von historischen Formationen, genetischen Codes und Gehirngesetzen bestimmt ist.

Pascal? – Gedankenfreiheit kommt als Gedankenlosigkeit auch von Herzen.

Gegen böse Gedanken hilft kein guter Gedanke,
sondern nur gedankenlose Gedankenfreiheit.

Die Hirnforschung beweist mir, dass ich nicht
einmal genug freien Willen habe, den Glauben
daran aufzugeben.

Man fordert oft verbriefte Gewissensfreiheit
und meint Freibriefe für Gewissenlosigkeit.

Der beste Feind befreit vom falschen Freund.

Der stumme Eigenbrötler nimmt nur seine Rede-
und Versammlungsfreiheit in Anspruch.

Der Wille ist schon unfrei?
Der Unwille ist noch frei.

Demokratien überleben, weil zu viele die öffentliche
Rede- und Versammlungsfreiheit nicht nutzen.

Die meisten leben in Demokratien schon freiwillig
so, wie sie in Diktaturen leben müssten.

Man erkämpft sich die Freiheit, von seinen Trieben
getrieben zu werden.

Ist gesund genug, um frei zu entscheiden, wer
krank genug ist, um sich töten (lassen) zu dürfen?

Wenn Vater Staat nicht herrscht, dann herrscht
nicht markige Freiheit, sondern freier Markt.

Nur mühseligstes Schuften erspart freies Denken.

Wer immer selber tun und machen muss,
gilt als freier Mann.

Ich will meinen, nicht freien Willen.

Mann und Frau machen sich frei –
erst voreinander, dann voneinander.

Die eigene Meinung ist hierzulande frei –
von Wahrheit(skriterien).

Religionsfreiheit ist hier längst frei von Religion.

Freie Verbraucher kaufen Zwangsvorstellungen.

Meinungsfreiheit ist für alle,
die nichts lernen wollen.

Der Unfreie schmeichelt sich damit, was er in Freiheit alles könnte. Der Freie hat diese Ausrede nicht.

Freiheiten entstehen unfreiwillig,
wo Gesellschaften schlecht funktionieren.

Christen waren Sklaven, die Sklaven befreiten.
Nur Sklavenhalter sprechen Abtreiber frei.

Meine Freiheit ist der Zwang,
sie durch deine zu begrenzen.

Was determiniert (oder befreit) jemanden dazu,
Determinismus oder Willensfreiheit anzunehmen?

Im Materialismus wirken unsere Klamotten freier
und vergeistigter als wir selber im Idealismus.

Alle Revolutionen wollten Befreiung
von unrentableren Formen der Ausbeutung.

Hoch die Freiheit, Ohren mit Quatsch zu verstopfen!

Der Individualist besteht auf freier Herdenwahl.

Freie Marktwirtschaft wird planmäßig betrieben.

Freiheit 2020 : Selbstverwirklichung als Ameise.

Der unfreie Wille wäscht nur sein Hirn in Schuld.

Linke suchen nun Sklaven zu fesseln
durch unterhaltsame Befreiungstheorien.

Künstlerische Freiheit ist die Fähigkeit,
Musendiktate zu verhunzen.

Ein freier Mensch macht sich oft abhängig
von etwas, das ihn frei gibt und hält und spricht.

Befreit die Gedanken aus Köpfen,
sperrt sie in Bücher!

Wer freier ist als andere, ist unfrei.

Freie Bahn dem tüchtigsten Würfel !

Die Gedanken sind frei –
von Hand und Fuß und Kopf.

Im Westen leben freie Menschen,
d.h. unbelehrbar orient(ierungs)lose.

Man arbeitet auch in der Freizeit,
ich dichte auch in der Arbeitszeit.

Freiheit von Meinungen, Gleichheit von Meinungen,
brüderliche Teilung der Meinungen,
doch nie des Meinigen.

Die freie Welt schlägt ihre Freizeit mit verschwitz-
ten Beschäftigungstherapien in Fitness-Centern tot.

Mmmeinungsfreiheit 2000 : frei *von* Orient(ierung)
und *für* Massenwahn (z.B. Ökologismus).

Freiheit : beliebtes *multiple choice*
zwischen beliebigen Sachzwängen.

Die Gedanken sind frei – denkt der Kopf.

Ketten klirren wie die Kälte,
Freiheit kocht wie die Volksseele.

Dass jeder sich befreien soll, fesselt ihn.

Der Unfreie wählt zwischen Alternativen,
der Freie erfindet Alternativen dazu.

Tyrannei herrscht, da Freiheitskämpfer gewöhnlich
nur frühere Freiheitskämpfer bekämpfen.

Befrei dich aus Grenzen, begrenz dich aus Freiheit.

Kein Urteil ist ein Freispruch.

Mehr Freiheit von denen,
die mehr Freiheiten haben!

Ist die freie Welt nun frei
von den *Zehn Geboten* der Befreiung?

Schon lange herrschen hier Frieden und Freiheit.
Sie dienen zu nichts.

Der freie Mensch folgt sklavisch seinen Vorlieben,
der begabte seinen Naturtalenten.

Genießt in rechtsfreier Welt
das Vorrecht des Rechts!

Ist dir nie mehr zu nehmen, was du frei gegeben?

Besteht das Reich Gottes aus den Gütern,
die jeder anderen freiwillig opferte?

Wer zu unfrei ist, verkümmert sehr,
wer zu frei ist, sündigt mehr.

Meine Freiheit ist unausgesetzt deiner ausgesetzt,
für die sie sich einsetzen muss.

Befreit das hohe Tier aus seinem goldenen Käfig!

Gleichheit fordern die Armen, Freiheit die Reichen,
und feindliche Brüder waren sie schon immer.

Man nimmt sich die Freiheit. Vom Nächsten.

Echte Befreiung macht Beliebigkeit unbeliebt.

Als erstes bestimmt die Freiheit selbst, was sie ist.

Freiheit : Wahl zwischen Überleben und Überlegen.

Frei ist, wer zum Schicksal noch Stellung nimmt.

Es herrscht keine Freiheit,
sondern Herren sind zu frei.

Wo ein freier Wille ist, da sind auch zu viele Wege.

Ein Mensch ist so frei wie sein Fall und sein Vogel.

Das Alter sagt und schreibt ins Reine den Satz,
den es nicht mehr ins Freie tun kann.

Heutige Satzungen sprechen Gottes Gesetz nie frei.

Frei fühlt sich, wer nicht weiß,
was er morgen tun wird.

Befrei dich von dem, der dich schon frei nennt.

Wissenschaftler befreien uns
von der gefürchteten Willensfreiheit.

Kant kämpfte nicht für die Freiheit,
sich von seinen Bedürfnissen beherrschen
und von seinen Trieben treiben zu lassen.

Freier Wille wählt den Grund,
aus dem er etwas getan haben will.

Wer sich die Freiheit nimmt,
nimmt sie sich und anderen ab und weg.

Als frei gilt nun der Sklave seiner Triebe, als unfrei,
wer seinem Gewissen folgt und sich beherrscht.

Deine freie Wahl trifft dich aus heiterem Himmel
ins Herz.

Freiheit ist Beherrschtsein von fixen Lieblingsideen.

Freiheiten, die gelassen werden,
berauben der Freiheit, die genommen wird.

Bilder bilden nicht, und Bildung macht frei
von Weltbildern.

Freiheit : Wahlmöglichkeit
zwischen beliebigen Sklavereiformen.

Das *Jüngste Gericht* ist wichtig, da der Tod
eher von Schulden befreit als von Schuld.

Nur ein Trauma befreit vom vorigen.

Man ist so frei, wie man sich gebunden weiß,
und so konditioniert, sich frei zu fühlen.

Mächtiger Wissensdurst befreit
von Freiheitsdurst besser als Machthunger.

Freiheitsdrang will sich nur einem anderen Ideal
unterwerfen dürfen.

Dein Charakter ist die Summe der Freiheitsgrade,
die er dir lässt, und deine Freiheit ist das Schicksal,
das dein Schicksal dir selber auferlegt.

Freier Wille ist die Mohrrübe vorm störrischen Esel,
der den Karren zieht.

Erziehung zur Freiheit befreit von Erziehern.

Hirnforscher sind so frei, ihre Willensfreiheit zu
leugnen, und so unfrei, sie behaupten zu müssen.

Bürger tauschten totalitäre Freiheitskämpfe
gegen emanzipierte Kerker.

Welche Dunkelverliese erlösen
von totaler Freiheit des Beliebigen?

Fester Wille darf mehr – und Not lehrt mehr –
als freier Wille.

Versammlungsfreiheit ist kein Zerstreuungszwang.

Willensfreiheit ist oft nur
die Wahl einer ganzen Partei.

Jeder ist Freier und Hure seines Nächsten.

Freiheit ward zur komfortabelsten Form
der Selbstversklavung.

Geglücktes Leben : Freiwillig ins Unglück
gerannt statt zum Glück gezwungen.

Freier Wille wählt selbst den Grund,
aus dem er etwas getan haben will.

Je mehr Freiheiten herrschen, desto weniger
Menschen werden geboren, sie zu genießen.

Kleine graue Zellen sind Kerker,
die aus größten Kerkern der Welt befreien.

Lasst lieber den frei,
der sich selbst beherrschen kann!

Überlass alles Beliebige der Notwendigkeit,
dann überlässt der Zufall dir alle Freiheit.

Verzicht. Man opfert nicht, wovon man sich
nur befreit, doch wird man frei von dem,
was man opferte?

Die besten Posten in freier Wirtschaft
sind weder frei noch ausgefüllt.

Freiheit ward kollektive Einzelhaft und die
Keimzelle der Gesellschaft zur Gemeinschaftszelle.

CT. Man will liberal sein
und leugnet den freien Willen.

Frei vom Zeitgeist ist nur Geist,
der von der Zeit befreit.

Die Welt ist etwas mehr als die Summe aller Bedin-
gungen, unter denen du deinen freien Willen kriegst.

Freiheit vom ganzen Kram der Krämerseelen
wurde zu neuem Kleinkram.

Man kämpft für die Freiheit,
also für Autokratie der faulsten Launen.

Der Staat, der freien Wettbewerb fördert,
verletzt schon das Laisser faire.

Deine Freiheit ist das, was übrigbleibt, wenn
deine Herren alles von dir haben, was sie wollen.

Wer sich einfach gehen lässt,
lässt noch keinen Gefangenen frei.

Frei wirkt jeder, der nicht aus zu großer Nähe
oder zu weiter Ferne betrachtet wird.

Frei zu bleiben heißt, so unentschlossen
nach wie *vor* der Tat zu sein.

Freiheitsdurstige bezwingen auch den Zwang,
der nackten Wahrheit beizupflichten.

Frei fühlt sich, wer sich selbst
für die Übermacht hält, die ihn bewegt.

Die Mehrheit opfert leicht für bezahlte Freizeit, was
nur einer Minderheit nutzt: unbezahlbare Freiheit.

Wir sind so frei, Unsinn zu reden und zu machen,
doch Wahrheit ist die einzige Tyrannei,
die den Beherrschten frei macht.

Freiheit ist so viel wert wie das,
wofür man sie opfert.

Wer sich von seinen Trieben treiben lässt,
fühlt sich frei.

Wer sagen kann, was er gleich tun wird, wirkt frei.

Wir kopieren nur sklavisch moderne Originalitäts-
und Befreiungsformen.

Was Junge als Zwang beklagen,
können Greise als Freiheit begrüßen u. u.

Aphorismus – *mit einem Satz ins Freie:* Hochsprung
oder Weitsprung, Ur-sprung oder Vorsprung?

Gekettet bist du an den, der dir die Ketten abnimmt
oder dich auch nur frei nennt.

Wer kann unter Brüdern frei oder gleich bleiben?

Die Gedanken sind frei – bis der Autor sie festhält.

Viele sind freier, sich von schlechten Moden beherrschen als von guten Herren entfesseln zu lassen.

Ist frei, wer sich verantwortlich fühlen muss
für Fatum und Losgewinne?

Dichterische Freiheit wird unterstellt,
damit man zurechnungsfähige Künstler auszeichnet
und nicht nur Naturtalente oder sich selbst.

Jeder ist freier in seinen Hirnzellen
als in Batterie- und Klosterzellen.

Freiheit ist unser Fatum,
also freies Spiel dem Schicksal!

Wer den befreit, der sich verschließt,
beraubt ihn auch der Freiheit.

Sollte es eine Hölle geben, kann unterm Herrgott
nicht nur Narrenfreiheit herrschen.

Wer freien Willen nicht im Hirn entdeckt, sollte ihn
im Herzen suchen und nicht in der Hose finden.

Könnte ein Determinierter einen freien Willen
überhaupt entdecken?

Wer heute *Recht & Freiheit sagt* und keine Baby-
privilegien meint, will die Erlaubnis, ungestraft
die *Zehn Gebote* übertreten zu dürfen.

Wer den freien Willen leugnet, ist gezwungen,
ihn zu leugnen, und könnte ihn gar nicht erkennen,
falls es den gäbe und er ihn hätte.

Unfreie reagieren auf Reize,
Freie antworten auf An- und Zuruf gereizt.

Wer frei entscheiden kann, dessen Tat folgt ihren
Folgen und geht ihren Motiven voraus.

Institutionen muss es geben für jene,
die nicht freiwillig täten, von dem sie zugeben,
dass es getan werden muss.

Das waren noch Zeiten, als man Sklaven befreite,
indem man Sklavenhaltern Höllenangst machte.

Sire, geben Sie Gedankenfreiheit, bis jeder ganz frei
von Gedanken ist, und unterstellen Sie uns Willensfreiheit, bis jeder ganz willenlos wird.

Dichterische Freiheit ist in Diktaturen
zu unterstellen, damit Zensoren keine
unzurechnungsfähigen Autoren verurteilen.

Der Häftling will frei sein, der Freie glücklich
und der Glückliche gefesselt.

Ist Freiheit der Fall beim freien Fall?

Nach Freiheit ruft, wer widerspruchsfreien
logischen Gesetzen zwanghaft widerspricht.

Freiheit, die niemanden einschränken darf,
ist beschränkt auf Spielplätze.

Beschneidung freiwillig erst als Erwachsener?
Aber macht nicht sie erst frei und erwachsen?

Zwänge erzwingt, wer Triebe befreit.

Gewalt befreit – von den Fesseln, andere zu fesseln.

Freie Kunst ist frei von Kunst.
Die Muse ist eine Domina ohne Zuckerbrot.

Freiheit ist Selbstfesselung,
Befreitwordensein ist Unfreiheit.

Man ist so frei, Fatalist zu sein.

Meine Meinungsfreiheit ist Freiheit
von Meinungen und *für* Dogmen.

Eine Gesellschaft, die dir nicht freistellt, ohne sie
statt gegen sie frei zu werden, ist unfrei.

Sartres dichterische Freiheit suchte soziale Realität,
der reale Autor fand sozialistische Happenings.

Journalistische Freiheit wird *erworben*
durchs Anzeigengeschäft.

Die längste Leine trägt die Freiheit.

Freiheiten und Zwänge sind weiterhin
angeborene Erwerbsmöglichkeiten.

Welcher Urheber zwingt uns durch welche Ursachen, von keinen Ursachen gezwungen frei zu sein?

Befreite Menschen sind nun wieder unfrei –
sie folgen ihren Launen.

Wer sich frei dünkt, wünscht keine Tyrannei herbei,
die seinen Freiheitsdurst erst weckt.

Befreiungsideologie ist Herrschaftstheorie, nur das
Gesetz des *Herrgotts* lehrt Sklavenselbstbefreiung.

Man ist so frei, Gottes Naturgesetze zu verletzen –
um zu sehen, dass sie gelten.

Ich muss schon so vieles –
und mich nun auch noch befreien.

Individuen sind Freiheitsgrade
von Allgemeinbegriffen – und umgekehrt.

Wer ist auch nur so frei, sich frei zu wähnen?

Wahlurnengrab.
Die moderne Form der Unfreiheit ist Wahllosigkeit.

Frei sein heißt tun können, was uns ausgewählt hat.

Wir sind auf Erden so frei
wie der Vogel im Himmel gefangen.

Die Gedanken sind frei,
die großen Denker im Abseits oder Jenseits.

Freud befreit mich von seinem Komplex,
dass Religion mein Komplex ist.

Für mehr Freiheit macht man immer neue Anstalten.

Die Elite will Freiheit für alle(s), das Volk nicht.

BRD. Seit kein Sieger uns mehr *zur Freiheit
verdammt,* begnadigen wir uns wieder
zu *freiwilliger Selbstkontrolle*.

In Hochkulturen ist das freie Individuum der Dreck,
den es beseitigen soll.

Religion befreite uns vom Glauben, frei zu sein,
wenn wir uns frei fühlen. Hirnforschung hinkt nach

Wer von Ungerechtigkeit frei werden will,
muss auch die Natur loswerden.

Literatur ist die dichterische Freiheit,
Käufer gefangen zu nehmen, zu fesseln, zu Tode
zu langweilen und ihnen die Zeit zu stehlen.

Es ist heute leichter, sich zu befreien,
als Befreiungstheorien zu verstehen.

Viele lassen sich *aus* freiem Willen
so quälen wie *von* ihrem freien Willen.

Man befreit sich von einem Herrn,
um sich einen herrlicheren zu suchen.

Gottes Freiheit liegt nicht in Naturgesetzeslücken.

Perplexistenzialismus 2000 :
Der Mensch ist *zur Freiheit verdummt*.

Künstlerische Freiheit ist gebunden
an gefesselte Kunden.

Denker sind so frei, fesselnde Ideen zu haben.

Frei ist nicht einmal der Kampf gegen Unfreiheit.
Frei ist, wer eingeschlossen
in seine Entschlüsse andere befreit.

Die Vorsehung weiß schon,
wann du frei handeln wirst.

Aristokratische Form der Ungleichheit :
Freiheit von … und zu …

Autonomie heißt nicht, dem eigenen freien Willen
freiwillig zu willen sein.

Jeder ist so frei,
sich zum Produkt der Gesellschaft zu machen.

Kann ich durch dich von dir befreit werden?

Wir sind so frei, Gutes zu tun,
und so böse, unfrei zu handeln.

Der Mensch ist freie Evolution vom Affen zum
Packesel, Schweinehund oder Erbsündenbock.

Bisher wird Freiheit mehr beherrscht
von Machthunger als von Wissensdurst.

Effizienzzwang, nicht Humanität,
befreite die Sklaven.

Für welche Ausbeute
lässt du dich freiwillig ausbeuten?

Heut ist man lieber freiwillig im Unglück
als zu seinem Glück gezwungen.

Man entweicht dem Kerker der orientierungslosen
Unabhängigkeit in die freie Luft der Schreibtisch-
fron.

Kragenweite : Bin ich frei, wenn mir
der Kragen platzt, an den es mir geht?

Demokratie ist die Freiheit, jede Meinung (ver)-
äußern zu dürfen und sich keine anhören zu müssen.

Lassen freie Selbstbestimmungen mich nur
entdecken, wozu ich von Anfang an bestimmt war?

Freiheitskämpfer? Platzangst sucht das Weite.

Die Zwangsvorstellung, keine zu haben
und frei zu sein, bringt die Freiheit,
zwischen Sachzwängen zu wählen.

Gewaltfreie Kommunikation lässt sich
nur mit Gewalt etablieren und sichern.

Freie Gewerkschaften bestreiken wilde Streiks
lieber als den totalen Arbeitsfrieden.

Mit freier Luft kommt noch kein Licht der Welt
in offene Fenster.

Man hat es in der Hand,
sie frei zu haben für die andere.

Sartre : Zur Unfreiheit ist der Mensch begnadigt
oder unwahrhaftig begnadet.

Wittgenstein? Die Welt ist alles, was lieber
ein freier als ein hoffnungsloser Fall ist.

Freiheit erzwingt nun geradlinige Linienuntreue.

Im Grunde ist nur, was mal im freien Fall war.

Sei gefesselt von der Freiheit, die du mir lässt!

Die freie Muse ist der Diktator des Dichters.

Wo Verbotstafeln verboten sind, ist Erlaubtes
und Freigegebenes strafbewehrte Pflichtübung.

Gibt es Freiheit, freiwillig auf sie zu verzichten,
und fesselt es zu sehr, sich von Fesseln zu lösen?

Wo Freiheit herrscht, herrscht sie auch über uns.

Die Gedanken sind frei,
und am freiesten in der Zwangsjacke.

Freiheit ist Möglichkeit des Bettlers, Krösus zu
werden, wie des Analphabeten, Einstein zu sein.

Auch Selbstmörder werden nur getötet
und von ihrer Chemie zum Freitod genötigt.

Hegel : „Freiheit ist Einsicht in die Notwendigkeit",
dass andere gehorchen.

Verdoppeln Roboter nicht die Freizeit
für Besseres, halbieren sie die Freiheit.

Der freie Markt verwünscht unglücklicherweise
das wunschlose Glück.

Am Künstler bewundert man die viele Freizeit.

Freiheit erfährt nichts, Bindung erlöst nicht.

Eine Republik ist Freiheit von ungleichen
und Gleichheit von unfreien Brüdern.

Ist Perfektion außer Maschinen so unbeliebt,
weil sie weniger Freiheiten lässt?

Freiheit tanzt auf Grenzlinien zwischen Diktaturen
und wächst mit der Leinenlänge.

Unabhängig nur, wer andere im Lebenslauf abhängt.

Reiß den Zusammenhang aus jedem Unabhängigen,
der sich aus dem Zusammenhang zusammenreißt!

Niemand hängt ab von niemandem,
aber jeder von der Unabhängigkeit von jedem.

Du bist von der Gesellschaft ja vielleicht
irgendwo unabhängig. Aber wie steht es
mit deiner Unabhängigkeit selbst?

Alle Unabhängigkeit von allen Mächtigen
hängt ab von der Abhängigkeit vom Allmächtigen.

Prekäre Mündigkeit äußert sich schriftlich
Autorität der Autoren

Die Gesellschaft schwatzt, das Individuum schreibt.

Dichter und Denker wollen sich einschreiben
ins Buch der Geschichtslosigkeit.

Die Literatur des 20. Jahrhunderts
war ein Schreibmaschinentasten nach Mitmenschen.

Wer sich unter Druck gut ausdrückt und mit den
Federn schreibt, die er lässt, gilt als Schriftsteller.

Viele Schriftsteller schreiben
für der Welt größten Buchladen : Schubladen.

Wer „Literatur der Arbeitswelt" schreibt,
macht nur unbezahlte Überstunden.

Lesen und Schreiben sind immer noch Privilegien,
solange niemand sie nutzt.

Bessere dich, schreib deine Autobiographie!

Gut ist ein Aphorismus, der die Leser entmutigt,
selber welche zu schreiben.

Ein Autor ist ein Künstler, der aus dem Aphorismus,
auf den er nicht kommt, ein Buch macht.

Ein Autor ist ein Unterdrückter, der schon zufrieden
ist, wenn seine Unzufriedenheit mit der Unter-
drückung in der Welt immer wieder gedruckt wird.

Schriftsteller können die Welt nicht weiter bewegen
als Kopf und Herz von Lesern.

Schriftsteller halten die Demokratie
für eine Diktatur der Leser, Kritiker und Verleger.

Schriftsteller sind Patrioten, die begeistert
hermarschieren hinter ihren Druckfahnen.

Schlechte Bücher haben nur einen einzigen Leser —
den Ehepartner. Auch gute Bücher haben nur einen
einzigen Leser — den Zensor.

Für wen jede Sache mehr als 200 Seiten hat,
der ist noch kein Schriftsteller.

Bestsellerautoren lesen ihren Lesern die Bücher
von den Augen ab.

Um ein Klassiker zu werden, genügt es für einen
Autor nicht, ungelesen zu sein.

Die Papiere guter Kriminalautoren sind in Ordnung.

Ein Autor träumt von Lesern, die davon träumen,
dieser Autor zu sein.

Klio, die Muse der Geschichtsschreiber, würde nie
auf das kommen, was Menschen so planen — u. u.

Wer nichts zu sagen und zu melden hat,
hätte mehr zu lesen und zu schreiben.

Die Zeit, die ich brauche, um diesen Pfeil
zu schnitzen, brauchen andere, um ein ganzes Buch
… dann doch nicht zu schreiben.

Wer Literaturgeschichte *schreibt*,
der bleibt ungelesen

Der Mündige hält den Mund und schreibt.
Man lernt aus der Geschichte nur, dass man sie weder macht noch schreibt (samt Lebensgeschichte).

Spiel dein Theater, die Rollen schreiben andere.

Ein Autor muss zusehen, wo er schreibt und bleibt.

Zu wenig bleibt, was zu viel schreibt.

„*Wer schreibt, der bleibt.*" Dieser Quatsch bleibt.

Goethes „Faust" zu schreiben, war gar keine Kunst:
Bei *dem* Talent!

Autoren schreiben zu viel, ihre Leser zu wenig.

Bestseller altern schneller
als ihre Autoren und Leser.

Der Mensch braucht die Sprache,
die Menschheit brauchte die Schrift.

Wer ein richtiger Schriftsteller sein will,
ähnelt einer Schreibfeder, die wegfliegen will.

Für die Welt sind Schriftsteller heute eher
bessere Schausteller als beste Zuschauer.

Jeder ist von Natur ein Fallensteller,
doch von Kultur ein Schrift- und Fragensteller.

Ist Gott ein *one-book-writer*,
ist Satan der Co-Autor unserer Bücher.

Schund-*Autoren* stehen über Proust-*Lesern*.

Autoren ohne Geld verehren es,
Autoren ohne Geist verleumden ihn.

Wer Schreibtischarbeit leisten darf,
sollte weniger verdienen, als wer
Drecks- und Knochenarbeit leisten muss.

Wer jedes gelesene Buch auf eine Sentenz
komprimiert, schreibt einen Aphorismenband.

Künstler schreiben lieber dilettantische Schiller-
Gedichte als meisterliche Simmel-Romane.

Du schreibst, was dich schmerzt;
uns schmerzt, was du schreibst.

Wer seine schlechten Seiten nicht mehr
unterdrücken kann, schreibt ein gutes Buch.

Wer Ideen nur schlecht beschreiben kann,
muss noch kein guter Realist sein.

Federn kann man lassen oder mit ihnen
schreiben und fliegen zugleich.

Gut ist ein Buch, das seine Leser entmutigt,
selber eins zu schreiben.

Der Aphoristiker kann keinen Satz schreiben,
ohne eine ganze Bibliothek zu ersetzen.

Aphoristiker haben keine Zeit, nicht zu schreiben.

Wer sein Weltbild fertig hat,
schreibe Aphorismen dagegen.

Ein Autor ist ein Mensch, der aus dem Aphorismus,
auf den er nicht kommt, ein Buch macht.

Was man in der Geschichte vergessen will,
muss man nur aufschreiben.

Kriminelle wären zum Krimischreiben
zu verurteilen.

Denken heißt auch den eigenen Kopf
leerlesen und vollschreiben.

Lebenstüchtigkeit ersetzt heute Lesefähigkeit
durch Schreibschwäche.

Wer das Wesen einer Sache anschaulich beschreibt,
hat sie und ihre Ursache noch gar nicht begrifflich
bestimmt.

Gern etwas vorschreiben lässt man sich nur
von guten Autoren.

Revolution beginnt mit schreibenden Sklaven
und endet nicht mit fernsehenden Shoppern.

Man weiß umso mehr zu schreiben,
je weniger man tun zu können glaubt.

Inspiration schreibt nur ab, aber wer nicht kopiert,
ist eher ein Original als originell.

Wer keine Bücher schreibt, muss sich deshalb keine
Gedanken machen.

Mit Satan muss man kurzen Prozess machen
oder Kafkas lebenslangen „Prozess" schreiben.

Kommt ins *Buch des Lebens*,
wer das *Buch der Natur* weiterschreibt?

Der Ewige schreibt Weltgeschichte als Biographie
der Menschheit.

Dumme Sprüche : Auch große Schriftsteller altern
zu bloßen Satzstellern.

Mancher Autor bat den HErrgott,
sein Nachlassverwalter zu sein.

Ein besseres Buch ist bösere Rache an den Lesern.

Feigheit hüllt sich in Menschenwürde
und Buchumschläge.

Kultur verhält sich zu Zivilisation
wie Buch zu Buchung.

In einem Buch taucht die Welt auf,
damit das Buch in der Welt erscheint.

Schreibtische sind allen Straßenbarrikaden
elfenbeinturmhoch überlegen.

Wer noch zu Lebzeiten ein Klassiker werden will,
schreibe nur die Sentenzen, zu denen alle Meister-
werke schließlich werden.

Die Kritiker werfen einem Autor selten vor,
dass er ebenso schlecht schreibt wie sie.

Historiker schreiben Werke, bis ihre Beschäftigung
mit der Vergangenheit selber Vergangenheit ist,
mit der sich keiner mehr beschäftigt.

Ein guter Autor kann alles beschreiben,
außer seine besten Leser.

Schreiben ist die Handarbeit der Kopfarbeiter,
aber noch nicht die Kopfarbeit der Handarbeiter.

Schreibe so klar, dass du jeden Leser verstehst.

Auch Todesangst schreibt noch Bücher gegen sich.

Wer müsste keine Psychoanalyse machen, um seine
„Erinnerungen" statt seine „Verdrängungen"
schreiben zu können?

Schreibt der Autor mit Hilfe seiner Muse
oder sie mit seiner Hilfe?

Die meisten Menschen sind eher beeindruckt von
ihrer Ähnlichkeit mit den Menschenaffen – außer
jenen Menschen, die besser als die Affen schreiben,
malen oder komponieren können.

Entweder schreibt oder steht man über etwas.

Romanciers sind Romanhelden, und welcher Roman
ist mehr wert als die Bürgerkarriere,
die seinem Schreiben geopfert wird?

Beschreibt man die Welt, wie man Leinwand bemalt?

Prolls schreiben sich ab, lesen im Kaffeesatz, rechnen mit dem Schlimmsten, zählen nicht, aber zahlen

Der Intellektuelle ist schon zufrieden
mit *aufrechtem Sitz* am Schreibtisch.

Literatur : Was man aufschreibt,
darf man getrost vergessen.

Wer schreibt, liest Leviten und spricht Bände
gegen Wände wie Einwände.

Geschichte wird geschrieben von großen Männern,
die keine Zeile geschrieben haben, und Geschichten
werden geschrieben von kleinen Leuten, die keine
Geschichte schreiben werden.

Beschreibe eine Bewegung : Führe sie aus,
indem du sie schilderst, oder umgekehrt.

Wer nicht wenigstens so gute Sentenzen
wie Nietzsche schreibt, versteht ihn falsch.

Wer entziffert eine Schrift,
indem er alles Bezifferbare daraus entfernt?

Schriftlich in Stein hauen
oder mündlich in Stücke hauen?

Ein schlechter Schriftsteller noch kein guter Buch-
halter oder Schriftsetzer.

Autoren können keine schöneren Titel tragen als
die Titel ihrer Bücher

Ein Buch verkauft sich so gut wie sein Autor.

In auctore auctoritas Es gibt gute Autoren
ohne besondere Autorität und keine wahre
Autorität, die nicht die eines großen Autors wäre.

Ein erfolgloser Autor versteht sich gern
als Nachweltkulturerbe.

Die Namen der schlechtesten Regisseure
und Schauspieler sind oft doppelt so groß
ausgedruckt wie der Name des größten Autors.

Viele Literaturgeschichten machen ziemlich
unverständlich, warum wir die dort behandeten
Autoren lesen sollten.

Dichterische Freiheit ist zu unterstellen,
damit Zensoren oder Preisverleiher keine
unzurechnungsfähigen Autoren beehren.

Eigene Ideen verkauft der Autor für Geld
oder für fremde Ideen in seinem Namen.

Manche Worte haben so viel Gewicht,
dass ihr Autor leichtfüßig bleibt.

Ein Autor hat vor sich nicht das unbeschriebene
Blatt, das er selber ist.

Selbstgefälligkeit des Autors und Dickfelligkeit
des Lesers strafen einander.

Nur Bedrückendes, das er gedruckt verkauft,
wird ein Autor wirklich los.

Autoren der Vergangenheit erscheinen uns leicht
harmonischer, als sie waren, und Künstler
der Gegenwart zerrissener, als sie sind.

Das Privatleben eines Autors besteht aus
Veröffentlichungen und die einzige Praxis
des wahren Gelehrten aus Abhandlungen.

Mancher Autor lässt seine Figuren soviel zu Lesern
reden, dass er daheim den Seinen nicht mehr viel zu
sagen hat.

Gesamtwerk in Gesamtausgabe

Das publizierte Gesamtwerk entfaltet sich unter dem *monotheistisch* „Heiligen" im traditionellen Dreischritt von *Logik* (Wahres), *Physik* (Naturschönes) und *Ethik* (moralistisch Gutes) zwischen Literatur und Philosophie.

1.   Theologisch *Heiliges* :
„Der Ewige und Sein Urprojekt − *Religionsphilosophisch-metapolitische Reflexionen*"

2.   Logisch *Wahres*
      (´Dritte Welt´ der Gedanken) :
„Sind Physik, Musik und Mystik die Ethik
der mathematischen Logik?"

3.   Ästhetisch *Schönes* (Physisches) :
„Zur Dialektik und Phänomenologie
der Natur- und Kulturidyllen"

Logik *(Ideelles)* und Ästhetik *(Physisches)* fallen unter **Idyllen**, die gemeinsam dem *Psychischen* der moralistischen **Satiren** kontrastieren.

Diese satirische Moralistik entfaltet sich ihrerseits als psychologische Ethik in sieben Sorten von literarisch-philosophischen „Sprachspielen" :

1. **Philosophie** (Zwei Bände) :

„Objektivität durch Subjektivität
oder umgekehrt?" *(Erkenntnistheorie)*

„Gedankenlesen : Hirnforschung
ohne Computertomographen −
*Philosophie zwischen Wissenschaft,
Kunst und Religion*"

2. **Tiefenpsychologie**
der Philosophiegeschichte (Drei Bände) :

„Die Liebhaber der Sophie − *Philosophiegeschichte in Philosophengeschichten*"

„Wenn die Seele auf den Geist geht −
Chronik der unbewussten Weltbilder"

„Martin Heidegger − Versuch
einer Psychoanalyse seines *Seyns*"

3. **Proletarismus** (Ein Band) :

„Mann und Frau machen sich frei −
voreinander und voneinander :
Geschlechterkrieg oder Klassenkampf?"

4. Fünf **gesellschafts- und kulturkritische Essaybände** :

„Künste und Wissenschaften
als verlorene Paradiese"

„Ist *philosophical correctness* eine
Kommunikationswissenschaft?"

„Esprit und Geisteswissenschaften"

„Originell sein : Vergessenes plagiieren"

„Wer sich selber kennt, wird nichts mehr"

5. Satirische **Moralistik** (ein Band Sekundär-
literatur, sechs Bände Primärliteratur) :

„Aphorismus — Philosophischer Gehalt
in literarischer Gestalt"

„Mit einem Satz ins Freie"

„Quanten, Quarks und Strings im Kopf"

„Aphorismen zur Zeitaltersweisheit"

„Zwergrätsel, Satiren und Zwickmühlen"
(1. Auswahl aus mehreren separaten
   Aphorismenbänden)

„Aphorismen, Bonmots und Reflexionen"
(2. Auswahl aus mehreren separaten
    Aphorismenbänden)

„Philosophische Formelsammlung"

6. Fragmente (Zwei Bände Reflexionen) :

„Aufzeichnungen
aus dem Schwarzen Loch"

„Aufzeichnungen aus dem Mauseloch"

7. Literatur (Ein Band Lyrisches
und drei Bände Erzählerisches) :

„An sein Innerstes erinnert sich keiner —
Nicht ganz dichte Gedichte"

„Nur in der Fremde fühle ich Fernweh —
Idyllischer Roman"

„Wer fällt, gefällt — Aus dem schönen
Leben des Gebrauchsdenkers Ingo K."

„Angeln beruhigt —
weder Fische noch Würmer"

Das ganze Werk deckt *sieben* Kulturfelder in *27 Bänden* ab :

1. Monotheismus
   1 Band (onto-theologisch *Heiliges*)
2. Idyllen :
   1 Band Logik (Wahres)
   1 Band Natur (Schönes)

3. Leib (Arbeit / Liebe)
   1 Band Physisches
4. Seele (bw / ubw)
   3 Bände Psychisches
5. Geist (Philosophie)
   2 Bände Ideelles

6. Witz/Urteilskraft
   14 Bände Moralistik :
   5 Bände Essays
   2 Bände Fragmente
   7 Bände Aphorismen(auswahl)

7. Literatur (sinnlicher Sinn) :
   1 Band Lyrik
   3 Bände Epik